VICHY.

Versailles. — Imp. de MONTALANT-BOUGLEUX.

VICHY,

SOUVENIRS DE LA SAISON DE 1853,

Par A. C.

—

Extraits du *Siècle* du 31 octobre ;
Et de l'*Union de Seine-et-Oise* des 10, 24, 27 août,
15, 19 octobre 2 et 9 novembre 1853.

◦▭◦▭◦▭◦

VERSAILLES,

IMPRIMERIE DE MONTALANT-BOUGLEUX,
6, Avenue de Sceaux.

—

1853

VICHY.

I.

Les Aveugles et les Sourds.

Je me suis souvent demandé pourquoi les aveugles étaient presque toujours gais et de bonne humeur, tandis que les sourds sont au contraire généralement tristes, sombres et moroses. Une circonstance fortuite me permit, en partant pour Vichy, de me poser de nouveau ce problème et d'en chercher la solution.

Il faisait presque nuit; je venais d'entrer dans la salle d'attente du chemin d'Orléans, lorsque, jetant un coup-d'œil rapide sur le personnel des voyageurs qui attendaient le coup de cloche ou de sifflet, j'aperçus un groupe de six ou huit individus qui se pressaient autour d'un joyeux compagnon qu'ils écoutaient en riant. Je ne pouvais distinguer de ma place que le haut de la tête et une partie des jambes de l'orateur, un bout de pantalon de nankin et des souliers vernis, un front large et découvert et quelques rares cheveux soigneusement ramenés par devant.

Je n'attachai aucune importance à ce que je venais de voir. On riait beaucoup, on parlait fort, il devait se débiter là quelques folies. C'était probablement une société de chasseurs, une réunion de bourgeois en villégiature, quelques employés ou commerçants qui s'échappaient de leurs bureaux, de leurs comp-

1

toirs, pour aller respirer en Sologne ; peut-être bien encore quelques meuniers d'Etampes qui revenaient de la halle ou de la bourse... que sais-je ?

On sonne : — une porte large comme un vomitoire antique s'ouvre en grinçant sur ses gulets ; la foule se précipite et les wagons s'emplissent. Je m'étais installé le mieux possible dans une diligence très confortable ; — nous étions sept, — il n'y avait plus de place que pour un, — on venait de fermer la portière, et quoique je ne sois pas égoïste, je commençais à bénir le hasard qui me laissait seul propriétaire d'un compartiment, lorsqu'une formidable voix de basse-taille retentit sur le quai. « Que diable, disait un monsieur que je ne voyais pas, vous n'allez peut-être pas partir sans moi ? Qu'on m'ouvre une diligence ! » — C'était un voyageur de première classe qui arrivait porteur d'un sac de nuit et s'appuyait sur le bras d'un jeune garçon. Ce retardataire était un homme de quarante-cinq à cinquante ans, cravaté de blanc, couvert d'un habit bleu de roi à boutons métalliques et d'une tenue convenable. — A sa chaussure vernie et à son pantalon de nankin je le reconnus pour le voyageur qui pérorait dans la salle d'attente et dont je n'avais distingué que les extrémités. — Diable ! fis-je, ce monsieur est un bavard ; il y a à parier qu'il va m'échoir. — Effectivement, la portière s'ouvrit, et ce monsieur, soutenu par le jeune homme, qui n'était autre qu'un domestique sans livrée, franchit le marchepied, et pénétrant dans la diligence avec une cer-

taine hésitation, vint s'asseoir à côté de moi. — Je
vous demande bien pardon, dit-il à son voisin d'en
face (un gros notaire d'Orléans qui digérait), veuil-
lez me permettre d'allonger mes jambes et de placer
cette valise au-dessous de vous; elle vous gênera
moins. — Pendant que ce monsieur faisait son ménage, le train s'ébranla et nous partîmes.

Pour éviter le premier choc de la conversation à
brûle-pourpoint dont je me sentais menacé, je fis sem-
blant de dormir.... « Quelle belle soirée ! nous allons
avoir une nuit superbe, se prit à dire le dernier arrivé..., » — Personne ne releva le gant. — « Je n'ai
point voulu partir ce matin à cause de la chaleur, et
j'ai bien fait... » — Silence général interrompu seulement par le notaire qui commençait à ronfler. —
« Il fait pourtant encore bien chaud, continua mon
bavard de voisin en se parlant à lui-même... Il ne
m'arrive jamais autre chose, poursuivit-il en parlant
moins haut, j'ai toujours la chance d'attraper un wagon complet... Il y a de quoi étouffer. » Et sur ce, il
se mit à faire le gros dos pour se placer à son aise, ce
qui commençait à me gêner. — « Nous avons au
moins vingt-cinq degrés Réaumur... — Les blés ne
s'en plaindront pas... — Ils commençaient à souffrir...
— Il y en a beaucoup de versés... — Tant pis : car
on payera le pain cher cette année... » — Comme il
continuait son monologue, je ne tardai pas à m'aper-
cevoir que cet importun était d'un embonpoint fort
raisonnable. Il s'était établi carrément au fond de la

banquette ; son coude droit pesait sur mon bras gauche, et cela devenait inquiétant. Je finis par m'impa-
tienter de cet envahissement, et je maintins mes droits
par une manœuvre habile. — Je ne voulais pas me
laisser trop acculer dans le coin, et je résistai par
la force d'inertie, tout en maudissant la mauvaise
fortune qui m'hypothéquait d'un pareil voisinage.

Nouvelle tentative de ce monsieur : « Nous voici à
Choisy ; c'est un endroit charmant. La première
station du train *express* est à Savigny-sur-Orge :
c'est un village assez maussade. Nous ne serons pas
à Etampes avant dix heures et demie, etc., etc., etc. »
— Enfin ce redoutable compagnon ne déparlait pas,
et cela devenait si ridicule, que j'eus envie de voir
le particulier qui se livrait à ce fatigant exercice.
J'ouvris les yeux, et quand ma rétine se fut un peu
familiarisée avec la pénombre qui régnait dans la
voiture, je portai ma vue à gauche sur mon voisin,
dont j'aperçus le profil. Procédant à cet examen de
bas en haut, je distinguai la moitié d'un menton
fraîchement rasé, une oreille volumineuse, une joue
gra-souillette et criblée de petite-vérole, la moitié
d'un nez assez mesquin, et l'ensemble de cette physionomie, dont je ne saisissais que les détails, me parut devoir être sans expression et sans caractère. —
Il y manquait quelque chose. — Je le crois bien :
ce pauvre monsieur était borgne !

Nous arrivons à Etampes. — Je descendis un in-
stant, et quand je remontai dans la diligence, ma

place était prise. — Si cela ne vous gêne pas trop, me dit mon ancien voisin de gauche du ton le plus poli, je me placerai à votre droite...; j'ai besoin d'air et je suffoquerais dans cette voiture... Je ne vais qu'à Orléans, je vous rendrai votre place dans cette ville... » Je suis très arrangeant, — ce monsieur s'exprimait poliment, — et je consentis à l'échange. Il se confondit en excuses, et le train repartit.

Depuis Etampes mon homme parla moins, s'apercevant sans doute que jusque-là il avait tiré sa poudre en l'air et que je n'étais pas extrêmement communicatif. Il se tenait droit et immobile, et ne lâchait que quelques rares paroles. — « Ah ! nous voici sur le plateau de la Beauce », dit-il quand nous approchâmes d'Angerville. — Il faut croire qu'il connaissait furieusement bien la route. — Je me retournai machinalement vers lui : c'était bien la seconde partie de ce que j'avais déjà examiné : — ce même menton, — cette oreille monstrueuse, — ce même nez, — enfin ce même profil vu sur une autre face... Mais, juste ciel ! en regardant de plus près, je m'aperçus que mon homme avait également perdu l'œil gauche : il était donc aveugle !

J'ai toujours éprouvé un sentiment de grande commisération pour les gens atteints de cette épouvantable infirmité... Ne point voir, quelle horrible chose ! au lieu des mille jouissances que la vue du beau, quelle que soit la forme qu'il revête, nous fait éprouver, se trouver plongé dans une nuit éternelle !

La nuit! lorsque le soleil se lève radieux sur un horizon qu'il illumine, — lorsqu'il brille l'été au milieu d'un ciel sans nuages, ou bien qu'il s'échappe à travers les crevasses d'un brouillard d'automne! — La nuit! lorsque la lumière inonde la plaine, ou va se perdre dans les profondeurs d'une forêt et se tamiser dans le feuillage! — La nuit encore lorsqu'au déclin d'un beau jour le soleil qui se couche lance pour adieu à la terre ses mille flèches d'or, et que la brise du soir frémit à la cime des grands peupliers! — Toujours la nuit et l'obscurité complète au milieu des pompes de la création, — devant une statue de Canova, — devant un tableau de Rubens, — ou mieux encore en présence d'une jeune femme aux yeux enivrants, aux formes merveilleuses!... Mon Dieu! que je plains les aveugles!

Aussitôt que j'eus constaté que mon voisin était privé de la vue, mes sentiments changèrent, et je m'empressai de lier conversation avec lui. Je le fis par humanité d'abord, et ensuite par plaisir. J'avais affaire à un homme extraordinaire. Il me conta qu'une maladie cruelle l'avait frappé de cécité à l'âge de deux ans, et qu'il n'avait aucune souvenance d'avoir vu la lumière. M. D...., appartenant à la classe aisée de la société, a l'esprit cultivé par une instruction solide et jouit d'une mémoire prodigieuse. Il n'est pas un sujet de conversation politique, artistique ou littéraire, qu'il ne soit apte à traiter; depuis les affaires d'Orient jusqu'aux moindres questions d'économie politique ; depuis l'insurrection chinoise jusqu'aux exportations d'or de San - Francisco, il parle de tout avec une verve, un entrain et un aplomb qui entraînent. — « Ah ça, Monsieur, lui dis-je, si je ne me trompe, vous parliez tout-à-l'heure de la campagne, des blés, des arbres ; vous connaissez donc tout cela malgré votre infirmité ? — Question d'écolier, me répondit-il ; croyez-vous que je n'aie jamais monté dans les arbres ? Enfant, quand je grimpais dans un cerisier, croyez bien que je ne cueillais pas les cerises vertes. — Mais la lumière, les couleurs, en avez-vous une idée ? — Presque complète : je m'explique parfaitement bien ce que peuvent être le rouge, le vert, le blanc, — le noir, qui est l'absorption de tous les rayons lumineux. — Vous avez donc étudié l'optique ?... La question semblait d'abord une absurdité ou une malice ; ce n'était ni l'une ni l'autre ; elle était sérieuse. M. D.... répondit affirmativement, car il s'était fait expliquer tout ; et quand je l'entendis parler de la polarisation de la lumière, des raies du spectre, et raisonner sur les questions les plus ardues et les plus compliquées de la science, je restai confondu et me prosternai en idée devant la Providence, qui, en privant un homme d'un des organes les plus essentiels, a rendu ses autres sens si fins, si délicats, si impressionnables, si parfaits, qu'ils peuvent suppléer en quelque sorte à celui qui lui manque. M. D...., d'après ce que j'ai su depuis, est excellent pianiste et de première force aux dominos. Il déploie à ce dernier jeu une promptitude désespérante. Mais ce qu'il faut le plus admirer en lui, c'est cette sérénité d'ame, cette gaîté si franche et si communicative qui en font véritablement un homme à part.

Que me manque-t-il, me disait-il en souriant... La vue ? Mais dans l'état où je suis, dans la position sociale où j'ai eu le bonheur de naître, c'est si peu de chose !... D'après ce qu'on m'a dit, je crois que si je voyais clair je serais moins heureux... Cette privation est pour moi l'assujettissement à certaines précautions, la nécessité de me faire conduire dans la rue, et rien de plus. Cinq minutes après être monté dans cette diligence, est-ce que je ne me suis pas aperçu de suite que vous y étiez sept, dont deux dames ? A la respiration, à la plus imperceptible odeur, au moindre frôlement d'étoffes, au plus léger mouvement, j'ai pu vous compter... Je vous dirais votre âge à vous... — je ne ferais pas cette sottise à une femme. — Il me manque, il est vrai, l'exercice d'un sens; je ne puis le regretter puisque je n'en connais pas les avantages, mais je suis en quelque sorte plus complet que vous... Par exemple, continua-t-il en souriant, il est nuit et nous sommes éclairés par la lueur assez faible d'une lampe. Faites-moi donc le plaisir de me dire quelle heure il est. Je donnai dans le piège. Atteindre ma montre, me lever pour la pencher vers la lumière et regarder les aiguilles, ce fut autant d'opérations qui employèrent un laps de temps assez considérable.

Vous êtes trop long, me dit-il, ne vous donnez pas tant de peine, il est onze heures trente-sept minutes et nous voici à Orléans. »

Nous étions effectivement dans la gare. —« Ayez l'obligeance, Monsieur, de me donner le bras pendant quelques secondes. »— Je le lui offris avec empressement.—«On m'attend ici, mais les personnes qui viennent devant moi ne sont pas de ce côté; nous allons les trouver aux environs du buffet, là-bas à droite.... Il faut traverser la voie... Prenez garde, disait-il en marchant, il y a ici un pas à descendre.» Franchement j'étais étonné d'une telle sagacité. Aussitôt que nous fûmes de l'autre côté: «Merci, Monsieur, me dit-il en quittant mon bras et en serrant affectueusement ma main, merci bien ; voici mon frère et ma sœur», et il se dirigea résolument vers un monsieur et une dame qui se trouvaient à dix pas de lui et qui ne l'apercevaient même pas au milieu de la foule qui nous entourait.

Tout cela me parut fort curieux, et en quittant un compagnon si gai, si causeur et si alerte, je revenais tout droit à mon problème. Pourrai-je enfin le résoudre? Essayons.

Le champ que notre esprit embrasse par la vue qui la met en communication directe avec tous les objets matériels est sans contredit très étendu, mais limité. En face d'une belle statue ou d'un tableau de maître, devant un monument grandiose, au milieu d'un paysage enchanteur, les idées naissent en foule, l'es-

prit s'échauffe, on admire, on s'enthousiasme ; mais
est-il un sentiment qui s'use plus vite, et peut-on admirer toujours ? Non, incontestablement. Bientôt l'ame
comme les yeux se fatigue et se lasse... Elle tombe
dans l'abattement et l'atonie .. Tel est en général le
sort d'un sourd ; tandis que l'espace que parcourt
l'esprit humain par l'échange de nos idées avec celles
de nos semblables, par le contact de notre pensée
avec la pensée d'autrui, par le frottement de notre
intelligence avec celle des hommes supérieurs, opérations qui pour se faire rapides et complètes ont besoin du secours de la parole, c'est un cercle infini,
immense et sans limites. — On se fatigue de voir, on
ne se fatigue pas de penser, car la pensée est la première faculté de l'ame.

Donnez un compagnon d'infortune au malheureux
qui sera condamné à une prison perpétuelle, — fût-
ce dans un cachot, — il pourra peut-être bien encore
y supporter l'existence et végéter comme une plante
qui s'étiole sans mourir ; mais si vous condamnez un
homme au secret et à l'isolement d'une prison cellulaire indéfiniment prolongée, il faut qu'il meure ou
devienne fou. La prison cellulaire, loin d'être un pro-
grès social, c'est le moyen-âge au dix-neuvième siècle.
c'est la barbarie dans la civilisation !

Le chirurgien qui, par une opération habile, rend
la vue à un aveugle, ne lui rend qu'un sens ; l'abbé de
l'Epée et les illustres continuateurs de son œuvre, en
donnant aux sourds-muets l'équivalent de l'ouïe et de

la parole, leur ont rendu la vie, car la vie c'est l'intelligence.

Si j'avais à choisir, j'aimerais mieux être aveugle que sourd.

II.

Les Eaux de Balarue.

Du temps qu'on lisait les désopilantes bouffonne-
ries de Pigault-Lebrun et de Paul de Kock, on pouvait taxer ces deux écrivains populaires d'exagération,
et même pour un moraliste, un puritain, un univer-
sitaire, ou un académicien rapporteur du prix Mon-
thyon, Pigault-Lebrun et Paul de Kock ne semblent
avoir pris la plume que pour estropier la langue et
blesser le bon goût.—A mes yeux, ils ont eu une mis-
sion providentielle : ce fut de donner un croc-en-
jambe à cet éternel mensonge formulé en axiome qui
prétend que la littérature d'une époque est l'expression des mœurs et la peinture de la société. — Rien
n'est plus faux ; — car enfin, à moins que ce ne soit
dans le bienheureux temps où nous vivons, je ne sa-
che pas que la France ait été plus vertueuse, plus
édifiante, plus sage et plus honnête qu'à l'époque où
ces deux littérateurs sans prétention littéraire encom-
braient l'étalage de toutes nos librairies... Aujour-
d'hui que la loge, l'antichambre et la mansarde rou-
giraient de jeter les yeux sur ces pages où le bon goût
et la morale sont si peu respectés, en avons-nous
plus de vertu, en sommes-nous plus chastes et plus
moraux ?

Il y a une foule de mensonges accrédités qu'il serait peut-être temps de reléguer avec les vieilles friperies. — Nous avons souvent entendu dire à des gens de bonne foi que les arts, eux aussi, étaient, comme la littérature, l'expression d'une époque. Cela pouvait être vrai du temps de Périclès et de Raphaël; ce n'est plus aujourd'hui qu'un paradoxe. Les époques où les statues de nos sculpteurs ont été le plus voilées, n'ont pas toujours été celles où nos femmes ont été le plus collet-montés.

Parce que les peintres de 1853 viennent de nous engloutir sous une avalanche de moissonneurs, de bœufs et de vaches, de faucheurs et de faneuses, de batteurs en grange et de chevaux de labour, de scènes idylliques et champêtres, est-ce à dire que nous tournons à l'églogue, que nous revenons à la vie pastorale, que nos agents de change vont se faire bergers, que nos étudiantes sont des Estelle, nos canotiers des Némorin et qu'il faut vite réimprimer M. de Florian? Niaiserie.

Pigault-Lebrun et Paul de Kock appartiennent à l'école de Rabelais, qui lui-même était de l'avis de Pline le Jeune. Il y a dix-huit cents ans que cet auteur a dit que la littérature était la médecine de l'ame. A la bonne heure, en voilà une vérité! Effectivement dans beaucoup de maladies, dans une infinité de cas mal diagnostiqués, donnez des distractions à votre malade, faites-le rire, et il sera sauvé.

Or donc, si l'on a quelquefois accusé les deux spi-

rituels caricaturistes dont je viens de parler, d'exagération et d'hyperbole, je pense que souvent aussi ils
n'ont eu que la peine de reproduire fidèlement ce
qu'ils avaient sous les yeux.

Promenez-vous dans Paris, partez pour la province,
mettez-vous en route pour n'importe quelle direction,
et si vous êtes doué d'une faculté inappréciable que
la phrénologie a dû classer et que j'appellerai le sens
de la flânerie et de l'observation, vous ne serez pas
long-temps sans rencontrer sous la forme humaine
une bizarrerie, une originalité quelconque, un type à
part plus ou moins amusant, plus ou moins ennuyeux,
qui vous occupera et vous abrégera les heures du
voyage. — Voyez par exemple :

Il était onze heures du soir, — je venais de quitter
M. D***, cet aveugle qui m'avait si bien parlé des
couleurs, et comme le train qui m'avait amené à Orléans devait y séjourner avant de repartir pour Mou-
lins, on me fit entrer dans un salon médiocrement
éclairé. Toutes les banquettes en étaient occupées :
il n'y avait pas un fauteuil de libre, et je dus me résoudre à m'y promener de long en large. Un grand
monsieur se livrait au même exercice. Nous mar-
chions quelquefois de conserve, comme deux chan-
tres qui, pendant l'office, se promènent gravement
dans le chœur d'une cathédrale. Seulement, quand
nous étions arrivés au bout de la salle, nous n'étions
pas, comme ces messieurs, obligés de nous saluer
avant de faire conversion. Je crus cependant m'aper-

cevoir que nous pouvions bien avoir l'air de deux
ames en peine, et je changeai la manœuvre. Je m'ar-
rangeai de manière à partir d'un point pendant que
mon collègue partait de l'autre, et nous nous rencon-
trions à moitié route ; de telle sorte que je pouvais
voir mon compagnon d'infortune par devant, par derrière, de face et de profil. Cela n'était pas très ré-
créatif, mais cela m'occupait; car pendant ce va-et-
vient, j'avais à prendre une foule de précautions pour
éviter une rencontre et un abordage avec ce grand
monsieur. Je l'examinai.

C'était un homme d'un âge problématique; — il
était coiffé d'une casquette de voyage en coutil blanc
posée sur une chevelure abondante qui débordait de
toutes parts comme un taillis touffu et mal émondé.
— La visière de son bonnet venait se coller sur un
front sillonné de rides précoces et assez serrées pour
avoir déjà perdu l'habitude de se déplisser. — Il avait
la bouche démeublée, les yeux ternes, l'air fatigué
et malade. — Sa figure, aux pommettes saillantes,
était encore assez large, quoique amaigrie, et présen-
tait des tons jaunâtres et blafards. Avec la partie du
front que la casquette laissait voir, son masque res-
semblait à un quartier de lune, ou mieux encore, à
un de ces croissants de métal dont les Orientaux or-
nent la flèche de leurs minarets. Ce qui contribuait à
rendre la comparaison assez heureuse, c'est que le
tout était planté sur un corps étroit et mince, soutenu
par des jambes d'une longueur exorbitante. Figu-

rez-vous une de ces têtes de bois qui servaient à nos
ancêtres à poser leurs perruques.

Ce monsieur, tout en marchant, avait les yeux im-
perturbablement fixés au plafond — il pensait à l'a-
venir — car, une remarque qui a déjà été faite et dont
j'ai constaté la justesse est celle-ci : quand un homme
qui marche, regarde la terre, c'est qu'il réfléchit au
passé; s'il porte les yeux droit devant lui, c'est le pré-
sent qui l'occupe ; s'il regarde en l'air, il pense à l'a-
venir ; si sa vue s'égare de haut en bas, de droite et
de gauche, c'est qu'il ne pense à rien. — Il y a beaucoup de gens qui ne pensent à rien, — remarquez-le.

Les moments s'écoulaient et on ne parlait pas encore de nous expédier pour le Bourbonnais, quand le
monsieur à la casquette blanche étant descendu des
hauteurs de ses préoccupations, aperçut une petite
trouée sur une banquette et se demanda s'il ne pourrait pas y caser sa maigre et étroite individualité. Il y
avait justement là deux Anglais qui occupaient une
partie du divan; soupçonnant ses intentions, les en-
fants d'Albion, avec la politesse digne et silencieuse
qui les caractérise, s'empressèrent de s'étendre davantage et force fut à notre homme d'ajourner l'exé-
cution de son projet. Il allait recommencer sa gym-
nastique, lorsqu'un jeune homme qui était assis dans
une autre partie de la salle, se leva et lui offrit sa
place. Sur ce, un échange de révérences et de ca-
pellades du meilleur genre, eut lieu. — En gens qui
connaissaient leur monde et avaient fréquenté la belle

société d'Etampes, ils ouvrirent de part et d'autre un feu roulant de phrases excessivement distinguées et d'une politesse exquise. — Je ne souffrirai pas, monsieur... — Asseyez-vous de grâce, monsieur, je vous en prie... je me levais. — Je serais désolé, monsieur, de vous déplacer... — Croyez-bien, monsieur, qu'il n'en est rien. — Il faut, monsieur, que j'en sois bien convaincu pour profiter de votre extrême obligeance. — Cela ne finissait pas, et l'homme à la casquette blanche qui tout-à-l'heure se serait presque intercalé de force entre les deux insulaires, ne pouvait se décider à prendre ce qu'on lui offrait de bonne grâce. Il s'assit enfin, ferma bientôt les yeux et sembla s'assoupir.

Tout près de là se trouvait un petit homme joufflu, trapu, ventru, aux yeux noirs et perçants, au teint de bronze et drapé dans un ample manteau : c'était un Marseillais pur-sang qui par sa rotondité et l'exiguïté de sa taille, formait un contraste parfait avec son nouveau voisin.

Tout le monde sait combien les minutes semblent longues pour celui qui attend, sur-tout lorsqu'un voyage est interrompu au milieu de la nuit, qu'on sort d'un wagon qui vous a fait franchir trente lieues en deux heures et demie, et qu'on se voit condamné à l'immobilité quand on voudrait dévorer l'espace...
A part quelques gens pressés, les niais et les impatients qui ont toujours peur de manquer le coche et qui restaient collés aux vitres de la porte de sortie comme des cucurbitacées sous cloche ; sauf aussi les

2

bavards qui au défaut d'interlocuteurs, s'adresseraient aux murailles, chacun tuait le temps à sa manière.. Les uns jasaient, les autres dormaient. L'homme à la casquette blanche avait pris ce dernier parti ; mais le petit monsieur joufflu et trapu causait avec un vieux propriétaire de Pithiviers qui allait à Balaruc pour y prendre les eaux. Sur les conseils de son médecin, une des sommités de l'Orléanais (votre médecin est toujours une sommité), il partait pour l'Hérault où il devait trouver un remède à des douleurs névralgiques et goutteuses, à des atteintes de paralysie qui le clouaient six mois de l'année sur son fauteuil.

Le Marseillais ayant appris la cause du voyage de ce vieillard, lui faisait, avec le velouté et le doucereux d'une accentuation franchement provençale, le récit des effets surprenants, des résultats merveilleux, des cures miraculeuses dûs à l'administration des eaux de Balaruc, — La figure du bourgeois de Pithiviers s'épanouissait de contentement ; il se voyait renaître à la santé ; — en quinze jours, il allait laisser de côté ses rhumatismes et sa paralysie. L'homme du midi poursuivant avec vivacité le cours de ses narrations pompeuses, appuyait de citations et de noms propres son opinion sur ces eaux sans pareilles. M. A.... de Cahors avait été guéri radicalement d'un rhumatisme articulaire en dix jours ; en trois semaines, M. X... de Tarascon apporté à Balaruc perclus de tous ses membres, avait marché sans béquilles ; madame Who-nostroff, une princesse russe (où n'y en a-t-il pas ?)

s'était guérie à Balaruc d'une phthisie très avancée...
Toutes les affections aiguës ou chroniques trouvaient
enfin dans ces eaux minérales un remède souverain
et infaillible.

- Moi-même, Monsieur, moi que ze vous parle, ajouta
le Marseillais, z'étais allé en zuin mil huit cent cinquante au Prado avec des amiss, et z'avais attrapé une
indizestion d'*Aïoli* et de *bouillabaïsse*..... Ze ne pouvais plus dizérer une oranze..... z'étais devenu étique
comme un chastre au mois de mai..... bref, ze fissais
le camp, troundelère !.... Le docteur Trastour, mon
médecin, une sommité des Bousses-du-Rhône, y per-
dait son latin, pécaïre ! Madame Périco-Roumafinac,
mon épouse, une des plus belles femmes de la Canê-
bière, me dit un zour : Ecoute, mon bon : té ze vas
faire passer ça, moi. Va te promener à Balaruc. — Et
z'y fus. — Vingt zours après ze rentrais chez moi et
z'allais chasser à ma hastide près des *Aygalades*.....
Bien mieux encore..... deux cent septante zours (ze
les ai comptés) après que ze suis revenu de Balaruc,
nous allions à l'église de la Mazor faire baptiser un
petit Périco, le plus zoli enfant qu'on puisse voir.....
un enfant à rendre zaloux les anzes du Paradis.....
Vous voyez auzourd'hui de quelle santé ze zouis.....
(il était jaune comme un coing parfaitement mûr)
— Quel bonheur, monsieur *Périco*, s'écriait le vieillard au comble de l'admiration, que le hasard m'ait
fait faire votre connaissance ! Franchement, j'hési-
tais à entreprendre un aussi long voyage; car enfin

Balaruc est au bout du monde, et je serais peut-être
resté chez mon fils à Nevers; ainsi, vous êtes bien
convaincu que ces eaux pourront me sauver? —
Qu'ès aco? si ze le crois! comme ze crois en Dieu,
Monsieur..... Les eaux de Balaruc, elles sont supé-
rieures à toutes les eaux de la terre, sans excepter
celles du Zourdain..... Nériss, Plombières, Barèzes,
Bourbonne, ils ne sont que de la Saint-Zean auprès
de Balaruc..... Balaruc, continuait le Phocéen en
criant de plus en plus fort et au comble de l'enthousiasme, Balaruc! — Ses éclats de voix finirent par
réveiller en sursaut le monsieur à la casquette blanche..... Un homme qui aurait reçu la décharge d'une
batterie voltaïque n'éprouverait pas une commotion
plus violente..... Il se leva en bondissant. —Balaruc!
s'écria-t-il à son tour en se frottant les yeux; mes
oreilles ne m'ont-elles pas trompé? Qui a dit Balaruc?
— C'est moi que ze l'ai dit, reprit le Marseillais. Ze
vantais à votre voisin la vertu de ces eaux bienfai-
santes. — Elles sont pernicieuses, Monsieur, interrompit la casquette blanche; mieux que cela, elles
sont mortelles. — Mortelles! pécaire! — Oui, mortelles! Gardez-vous, Monsieur, d'aller à Balaruc!.,...
Si je n'ai pas laissé ma peau dans cette infernale cra-
paudière, c'est un miracle..... mais j'y ai laissé le
peu de santé qui me restait..... Ces eaux contiennent
les principes les plus délétères, des agents de mort,
jusqu'à de l'arsenic, Monsieur, de l'arsenic!.... Elles
ont empoisonné mon existence. — Moi, interrompit

le Marseillais, elles m'ont sauvé. — Et moi, elles m'ont tué, dit la casquette blanche en lui coupant la parole. Demandez à M. L... de Périgueux ; il vous dira que de boiteux qu'il était il en est sorti impotent pour le restant de ses jours..... Demandez à M. F.... de Castelnaudary, ce qu'il en pense ; celui-là, par exemple, ne vous répondra pas, car il y est mort et enterré..... Madame la princesse de Trogoski, une des notabilités de l'émigration polonaise, y a contracté, à la suite d'un bal, une pleuro-pneumonie aïgue dont elle se meurt..... Enfin, êtes-vous las de vivre ? allez à Balaruc !....

Le pauvre vieillard changeait de figure et tremblait de tous ses membres.

Si j'avais, poursuivit la casquette blanche, un ennemi mortel dont je voulusse me débarrasser, je payerais son médecin pour qu'il l'envoyât à Balaruc, et pour peu qu'il eût quelque tendance à la paralysie, à l'hydropisie ou à l'apoplexie, je serais bien sûr de ne pas revoir mon homme.

Miséricorde ! pensait le vieillard. — Le Marseillais tenta vainement d'interrompre cette diatribe et commençait à montrer le poing. — Son adversaire ne se laissa pas couper..... — Osez-vous bien, Monsieur, vous faire le champion de ces eaux abominables? Je vous le répète, Balaruc c'est un enfer..... c'est le vestibule d'un cimetière..... Figurez-vous, mon cher Monsieur, continua-t-il en posant familièrement sa main sur l'épaule du vieillard, que, cédant aux instances de ma fille, j'ai été prendre les eaux de Balaruc il y a deux ans..... On voulait me tonifier, me rafraîchir..... J'en suis revenu atteint d'un lombago chronique et (*baissant la voix*) d'une constipation..... quinze jours entiers, Monsieur, sans..... (*il lui parle à l'oreille*) croiriez-vous cela ? Voyez dans quel état je suis ! Je n'ai plus de force..... Dès le deuxième bain j'étais pris..... Après le troisième j'ai ressenti les douleurs les plus vives..... Au quatrième j'étais à moitié mort..... un bain de plus, mon affaire était faite.....

Un coup de cloche annonçant le départ du train interrompit heureusement cette scène ébouriffante, et sépara les deux antagonistes. Tévé ! ze suis bien simple, grommelait l'habitant de Marseille en se retirant, de me fisse en colère ! !.... Cet homme du Nord est fou..... voui fou..... z'aurais dû le voir plus tôt..... et d'ailleurs s'il n'est pas fou, il est bête comme une pastèque..... Troundelère ! digué li que vin gué.....

Le vieillard, qui monta dans la même diligence que moi, garda le silence une partie de la nuit, et quand nous fûmes arrivés au Guettin (station de Nevers): Monsieur, me dit-il, je vais avec vous à Vichy.

III.

Les Cuisines de Randan.

Nous voici à Vichy : — parlons-en, — mais soyons sobre de descriptions. — Aussi bien, qui n'a pas été à Vichy au moins une fois dans sa vie pour un motif de santé, d'intérêt ou de plaisir? — On y vient pour y suivre sa mère ou pour tenir compagnie à un vieil oncle à succession, goutteux, quinteux, perclus, ou dont l'estomac ne peut plus digérer;—on y vient plus tard pour chercher une héritière ou pour tâcher d'y marier sa fille;—on y vient encore pour une foule d'autres raisons, — même pour y prendre les eaux.

Aussi, que ne trouve-t-on pas dans les salons de Strauss ou dans les allées du parc? Demoiselles richement dotées ou pauvres filles sans dot;—veuves inconsolées; — femmes lancées, dont les toilettes légères et la conduite vaporeuse se font remarquer partout où il y a un salon, des fleurs, un orchestre et du monde ;—princesse russe à deux mille paysans; — lords anglais dix fois millionnaires ; — duchesse italienne à cavalier servant; — vieux garçons usant leur seconde sève avant de faire une fin;—hommes d'Etat, hommes de cour, hommes de plume ou d'épée; gens de robe ou gens de bourse, haute banque et petit commerce ; en un mot, tous les acteurs de la grande comédie humaine s'y trouvent et s'y coudoient.

Pour peu qu'on ait séjourné quelque temps à Vichy, on a été se promener, à pied, à cheval, ou dans un carrosse vermoulu, à Cusset, sur le bord du Sichon, à l'ombre des saules et des peupliers, plantés par des princesses de sang royal; on a été faire l'excursion de l'Ardoisière, cette cave abandonnée au milieu d'une oasis ; on s'est affourché sur d'honnêtes baudets, philosophes incompris, qui sous des dehors si bêtes cachent tant d'intelligence et de malice. — On prétend que Paris est l'enfer des chevaux et le paradis des femmes. — Vichy est l'enfer des ânes et pourrait bien être le purgatoire des maris. Si la complaisance de ceux-ci est souvent extrême, ceux-là sont parfois d'une perfidie sans exemple.—Aussi, que de cavaliers désarçonnés par un faux-pas médité avec une rouerie diplomatique dont on n'imaginerait pas qu'un âne fût capable ! Que de maris qu'on pouvait croire rétifs ont fini par porter le bât sans murmurer ! — En fait de bêtise, qui a l'avantage? — Admirons les uns et plaignons les autres.

Qu'on soit venu à Vichy pour y chercher le plaisir ou pour y grossir le bataillon des éclopés, il est rare qu'on n'aille pas à Randan, qui, par suite des derniers événements, est devenu la propriété d'un prince génois. — Ce Génois fait les choses en grand seigneur : — il a acheté Randan plusieurs millions et n'y a jamais mis les pieds. — On a fait aussi une fois (rarement on recommence) l'ascension de la montagne Verte et de la butte Saint-Amand ; on a, par une belle journée de juin ou juillet, traversé le pont de Vichy pour aller sur la rive gauche de l'Allier, ce fleuve desséché, voir de près une source qui perd son eau pendant trois quarts-d'heure, pour vomir ensuite, cinq minutes durant, une onde tiède et bouillonnante.

Poursuivant le cours des pérégrinations indiquées par les *ciceroni* du lieu, on a été dans un berlingot éreinté visiter Hauterive, dont le matériel balnéatoire est des plus modestes ; Châteldon, avec son vieux manoir et son établissement thermal consistant en deux baignoires de lave qu'on pourrait prendre pour des sépulcres romains..... Nous ne vous parlerons pas de tout cela, car, dans Vichy *extrà muros*, la seule chose qui nous ait fortement impressionné, c'est la vue des cuisines de Randan.

O divin François, curé de Meudon, joyeux chantre de la dive-bouteille, que ne peux-tu soulever la pierre qui te recouve depuis aujourd'hui trois cents ans, pour venir admirer ce palais de la goinfrerie ! O Brillat-Savarin notre maître, si tu avais pénétré dans ce saint des saints, c'est là que tu aurais rêvé ces festins antiques où les sénateurs romains, du fond de leurs tricliniums, se faisaient faire des plats avec la cervelle de cinq cents autruches, et des entremets avec les langues de cinq mille oiseaux qui tous avaient parlé ! Apicius et Lucullus, ces classiques gastrolâtres ne renieraient pas cette immense officine, ou comme dans un ministère bien organisé, chaque spécialité de l'art avait son temple et son sanctuaire !

Que c'est beau, que c'est grand, que c'est suave ! On se lècherait les doigts rien qu'à voir ces broches pyramidales, ces lèchefrites dignes d'un empereur, ces marmites au large ventre, ces myriades de casseroles ! On respire comme un parfum d'osmazôme quand on circule au milieu de tous ces appareils, et pour peu qu'on ait d'imagination et d'appétit, l'eau vous vient à la bouche, le palais titille et se met sous les armes ; les houppes nerveuses de la langue s'irritent et la mâchoire s'ébranle pour mastiquer ; — mais bientôt on reconnaît son illusion... C'est un cruel effet de mirage qui dans ce désert a trompé votre palais et réveillé à tort vos puissances olfactives. On déplore son erreur, mais on n'admire pas moins ces milliers d'instruments que les révolutions ont rendus inutiles... Un antiquaire ne visiterait pas avec plus de curiosité ce qui reste des Pharaons ; un chimiste ne contemplerait pas avec plus de respect les cornues et les matras qui ont servi à Lavoisier, à Davy et à Gay-Lussac pour faire leurs plus brillantes découvertes !

Quel ordre ! quel espace dans ce temple gastronomique ! rôtisseurs et pâtissiers, sommeliers et confiseurs, frituriers et marmitons, officiers de bouche et metteurs en scène, glaciers, chefs et sous-chefs, chacun avait son laboratoire et son cabinet de travail.

Rien n'y manquait. Comme tout avait été prévu dans la distribution de cette admirable manufacture, où la division du travail avait été si largement appliquée !

Quand l'artiste qui avait créé une œuvre de génie, le maître qui venait après de longues méditations de faire jaillir de son cerveau un nouveau plat tout dressé, un ragoût nouveau éminemment traité, avait besoin de détourner son esprit des abstractions de la science, et de reposer sa tête fatiguée par un labeur trop pénible, il y avait tout près des offices un *noble* jeu de billard qui, par un exercice salutaire et une distraction utile, l'arrachait momentanément aux préoccupations de l'esprit et aux travaux de l'intelligence. S'il arrivait qu'un praticien rissolé par l'enthousiasme et la poésie de son art, ou peut-être encore par le feu de la marmite, éprouvât le besoin de reprendre haleine, ou bien si un chef voulait chercher des inspirations dans la solitude, et méditer comme un bénédictin dans l'ombre et le silence ; si un simple préparateur, saisi d'une inspiration soudaine et échauffé par le foyer incandescent d'une cuisine digne de Gargantua, se voyait tout-à-coup appelé à reculer les limites de la science ; alors, les uns et les autres avaient sous leur main et à leur disposition deux à trois mille volumes de choix, contenant tous les trésors de l'érudition. C'était la bibliothèque d'Alexandrie de l'art culinaire. On y trouvait développées les plus savantes théories, fruit des veilles des hommes d'élite qui ont enseigné la pratique et vulgarisé les recettes du premier de tous les arts, l'art de manger !

Qu'est-ce à dire encore ? Ces cuisines sans égales au monde, malgré leur abandon et leur solitude actuelle, semblables aux anciens temples de Rome et d'Athènes, tendent tous les jours davantage à devenir un monument d'archéologie gastronomique. Carême, le grand Carême y a manipulé ; Berchoux, un des versificateurs du pot-au-feu, en a parlé dans ses Mémoires, et par leur architecture grandiose, par leurs proportions monumentales, par les souvenirs classiques qu'elles rappellent, par l'influence qu'elles ont pu exercer sur la politique d'une certaine époque, enfin par l'intérêt qu'elles offrent à l'œil investigateur des savants et des gourmands, les cuisines de Randan ne seront pas toujours délaissées... Nous n'avons pas l'honneur de connaître le duc de Galliera, mais nous pensons qu'il aurait peu de chose à faire pour réaliser une pensée de l'excellent Vatout, celle de faire placer les cuisines de Randan au nombre des monuments historiques de France. Elles deviendraient alors aussi célèbres que la chambre occupée par madame de Sévigné dans la maison Ramin à Vichy.

IV.

Le Bal. — Une Femme qui se perdait.

Vichy ne se décrit pas, et malgré quelques opuscules qui ont été publiés à son sujet, son histoire est encore à faire. Pour qu'on puisse dire quelque chose de nouveau sur cet établissement thermal, il faut attendre que les nouveaux fermiers qui viennent de le prendre à bail pour un tiers de siècle aient réalisé les espérances que leur intelligence, leur capacité et leurs capitaux ont fait concevoir.

On s'est sur ce point livré à une foule de conjectures, et on parle de constructions considérables qui sont projetées. Des gens qui se prétendent bien informés assurent qu'elles doivent être dessinées dans le goût oriental. Soit ; il y a du bon partout ; mais comme on ne s'est pas encore mis à l'œuvre, attendons que les murs s'élèvent pour décider si le bon goût sera satisfait de voir accoler aux sévères et corrects bâtiments actuels quelque chose comme un minaret de Smyrne ou un bazar de Constantinople.

Ce qui est éternellement nouveau et toujours curieux à Vichy, c'est la physionomie particulière des buveurs d'eau qui s'abreuvent à ses sources renommées. Les eaux minérales jaillissent partout du sol dans ce bienheureux pays, comme pour attester par

leur haute température, que le globe est encore tra-
vaillé aujourd'hui par des feux souterrains, qu'une
pellicule seule en est solidifiée, qu'il y a seulement
intermittence dans le dégagement de ces flammes
aussi vieilles que le monde, et que si cette incandes-
cence intérieure a perdu un peu de terrain depuis les
époques géologiques, le foyer principal n'en existe
pas moins ; pour attester enfin que Strauss et Ber-
nardin avec leur archet magique (vieux style) nous
font tout simplement danser sur un volcan.

Car on danse à Vichy, — et chacun s'en mêle. —
il semblerait qu'en arrivant dans la patrie des *bour-
rées* tout le monde se ressent de l'influence locale, —
Nous y avons vu danser la chambre des notaires, la
chambre des avoués, la chambre des entrepreneurs.
la magistrature assise, la magistrature debout, l'ordre
des avocats, l'armée de terre et de mer, l'Espagne
et la Russie, la Suède et l'Angleterre, l'Italie et les
deux Amériques. C'est un branle général où les Py-
rénées et les Apennins, le Rhin, la Tamise, le Da-
nube et l'Arno se serrent la main dans une entente
cordiale, et tranchent à leur manière la question an-
glo-franco-turco-russe. La schottisch et la walse à
deux temps seraient-elles appelées à refaire la carte
du monde ?

Quand il n'y a pas bal à la Rotonde, on danse dans
un hôtel ou dans un autre. Il y avait à peu près deux
heures que j'étais arrivé, lorsque traversant le parc,
je rencontre un monsieur avec qui j'ai été extrême-

ment lié pendant mon séjour à Vichy, bien que je
n'aie jamais su son nom. Eh bien ! me dit-il, comment
vous trouvez-vous ?— Pas mal, mais un peu fatigué
par les cinq heures de patache que nous avons faites
ensemble..... et vous? — Cela va bien et même trop
bien... Je donne un bal ce soir... — Ah bath !.....
vous ? — Oui, à mon hôtel. — Vous connaissez donc
beaucoup de monde ici ? — Pas ame qui vive, ex-
cepté vous. — Et vous donnez un bal ? — Hélas !
oui..... A peine descendu de diligence, ou m'a pris au
débotter, et j'ai payé un louis pour ma part des frais
de la soirée..... je vous invite. — J'accepte. — N'y
manquez pas; il y aura quatre-vingts dames plus jo-
lies, plus fraîches, plus entraînantes et plus fleuries
les unes que les autres ; nous attendons à six heures
une voiture de bouquets. Tous les jardins de l'arron-
dissement de La Palisse ont été mis en coupe-sombre.

Eh bien ! j'ai été à ce bal... Une partie du pro-
gramme fut religieusement remplie. — Le nombre de
dames et de bouquets annoncés y était ; mais quant
au reste, ma foi, faut-il le dire, ceux qui auraient
pris les promesses du prospectus à la lettre, auraient
trouvé quelque mécompte... Les dames de Cusset n'y
étaient pas !

Je quittai mon amphitryon au milieu de la nuit. Il
n'avait pas dansé, mais il était enchanté. — Il y a tant
de gens qui se contentent de payer les violons !

Comme je cherchais mon gîte dans l'obscurité et
que, encore peu au courant de la topographie locale,

j'avais peine à m'orienter, j'entendis sonner une
heure et demie à l'établissement thermal. Le bec
d'un quinquet fumeux projetait une lumière sépul-
crale et tremblottante au milieu du corridor principal. Le reste des bâtiments avec les grands arbres
qui leur servent de portique se dessinaient en noir
sur un ciel blafard. Des nuages de mauvais augure le
parcouraient d'un air sinistre. Un vent précurseur
d'orage s'engouffrait en sifflant sous les arcades, et
faisait chorus avec le cri fauve des oiseaux de nuit
et le sourd ronflement d'un instrument lointain, que
je reconnus pour la contrebasse de l'orchestre que je
venais de quitter.......

La nuit a des harmonies mystérieuses qui parlent à
l'ame... Chez quelques-uns elle développe un frisson,
un sentiment vague de crainte et de frayeur...; chez
d'autres une surexcitation des facultés du cerveau...
L'imagination n'a jamais de prismes plus menteurs
que dans l'ombre. Tout semble s'agrandir ; les plans
disparaissent, les surfaces s'oblitèrent ; tout change
d'aspect et prend souvent des formes fantastiques.
Dans la circonstance où je me trouvais, il me sembla
que j'avais devant moi un lugubre monastère de
Chartreux avec son cloître sous les arceaux duquel je
voyais errer la sombre silhouette des moines qui s'y
promenaient en attendant l'*Angelus*... De temps en
temps de petits éclairs brillaient en scintillant. et
semblaient danser autour d'eux comme des feux-fol-
lets. — Les pères allaient sans doute à l'office, et al-

lumaient leurs cierges en l'honneur des trépassés...

— Je ne pouvais m'expliquer cet effet d'optique, quand, en m'approchant de plus près, je me trouvai face-à-face avec d'honnêtes baigneurs de la série de deux heures, qui attendaient leur bain, et portaient à la main une bougie allumée. Il y a tant de mesquinerie dans l'administration actuelle de l'établissement thermal de Vichy, et une telle insuffisance de baignoires, que les malades qui arrivent dans le fort de la saison sont obligés de prendre leurs bains à deux heures du matin ; — qui le croirait ? — Et comme les cabinets ne sont munis d'aucun appareil d'éclairage, chacun d'eux est tenu d'apporter son flambeau et de s'éclairer soi-même, sous peine de barbotter dans l'obscurité... Est-ce misérable !

Malades ou non, la nuit comme le jour, et même au milieu des misères de la vie, sitôt que cinq ou six Français sont réunis et causent, la gaîté, c'est inévitable, vient se mettre de la partie. — Des éclats de rire partaient d'un groupe d'individus drapés dans leurs robes de chambre, que de loin j'avais si ridiculement pris pour des Chartreux. — Un monsieur de Mulhouse, fraîchement débarqué à Vichy, racontait une histoire. — C'était une aventure assez bizarre qui était arrivée à Dijon deux jours auparavant.

Dans la gare du chemin de fer de cette capitale de la Bourgogne, il y a toujours, à l'arrivée des trains *express*, un certain encombrement de diligences. Pendant qu'on les enlève des *trucks* de la voie ferréc pour les rendre à leurs roues et aux moyens de traction ordinaires, les voyageurs descendent généralement et se rendent confusément dans un restaurant appelé *buffet*, où ils sont attendus par un dîner quelconque. Il ne faut pas compter moins de quarante ou cinquante personnes qui là se mêlent, se confondent et s'éparpillent, sauf plus tard, par chacun, à rejoindre son véhicule, après toutefois les sommations réitérées du conducteur, à qui vous appartenez corps et biens du moment où vous touchez terre. Vous venez de secouer le joug de l'habit et de la casquette galonnés de l'agent du rail-way pour passer sous l'autocratie en blouse de l'automédon *Laffitte et Caillard*. — Ce fut dans un de ces moments de tohu - bohu qu'eut lieu une méprise assez originale.

Un ministre protestant de Lausanne avait occupé depuis Paris à lui seul le coupé de la diligence de Besançon, et retournait dans sa ville natale. M. Z... est un homme de trente-cinq ans, à l'air grave, à la tenue sévère, et d'une assez belle physionomie. Dans le coupé d'une autre voiture qui se dirigeait sur Salins s'était installé, avec sa jeune femme, M. D..., commissionnaire en marchandises, ayant demeuré long-temps en Angleterre d'où il revenait. Il y avait à peine six semaines qu'il avait épousé une charmante anglaise à la chevelure éclatante, à la taille de guêpe, douée d'un de ces visages d'*album* aux traits fins et délicats, comme les peintres d'outre-Manche

savent seuls en imaginer. M. D... allait présenter
cette jolie fleur exotique à sa famille qui réside dans
le Jura. M. D... est, comme M. Z..., un homme de
trente-cinq ans, à l'air grave, à la tenue sévère, mais
passablement laid.

M. Z... se trouvait à la même table que le ménage
D... au restaurant du chemin de fer ; il échangea
quelques mots de conversation avec le mari, puis salua
profondément madame D... et rejoignit le compartiment de la diligence qui l'avait amené de Paris. Il se
plaça à droite, s'installa commodément dans le coin,
et comme la voiture tarda quelque temps à se mettre
en route, il s'assoupit béatement en pensant à quelque
verset de la Bible, ou peut-être bien encore à sa
femme qu'il allait revoir.

Il faisait presque nuit, — un nouveau personnage
vint bientôt prendre place auprès de lui. C'était une
dame enveloppée de fourrures, qui, au moment où la
diligence partit, tira d'un nécessaire en carton véni-
tien un charmant bonnet de nuit garni de fine den-
telle qu'elle déposa sur le coussin avec différents petits ustensiles de toilette. Elle retira ses gants qui ca-
chaient les doigts les plus potelés, les plus effilés et les
plus blancs qui fussent au monde ; fit manœuvrer
avec dextérité un tout petit peigne d'écaille, au milieu
d'une chevelure blonde d'une abondance extrême,
lissa et relissa de longues papillottes qu'elle renferma
dans un papier soyeux, se coiffa du bonnet susdit,
s'enveloppa dans sa mante et s'arrangea le plus com-

fortablement que possible dans le coin opposé à celui
qu'occupait M. D... Celui-ci, qui se trouvait alors dans
cet état mixte qui n'est point encore le sommeil et
cependant a cessé d'être la veille, ouvrit à peine un
œil, ne fit aucune attention à ce qui se passait autour
de lui, s'imagina que le conducteur avait pris un
voyageur à Dijon et finit par s'endormir du sommeil
du juste.

« *What, my friend, do you sleep?* s'écria bientôt
la petite dame du coin de gauche, — *awake, leazy
sluggard! — You did not sleep thus, by the side of
your little wife, in the first days of our marriage
— it is not well — you d'ont then love her as much
— if it be so, take care of you!*

Le bruit de la voiture, qui roulait rapidement sur
un terrain assez raboteux emportait, ses paroles. La
dame continua : *Since we are in France, This it the
first times, that I have found a perfectly well edu-
cated gentleman; how did you find the person who
dined near us? Zounds! if I ever had a thought of
being capricious, That gentleman would be the
very thing for me...But...* (M. Z... dormait toujours),
*d'ont be tormented on that account... you are too
dear to me, my fat old fellow...* » Immédiatement la
petite dame, prenant un air provoquant, se pencha vi-
vement vers M. Z... lui prit une main et lui appliqua
sur la joue gauche, un de ces gros baisers tumultueux
et passionnés comme certes jamais Anglaise n'a été
soupçonnée d'en donner ; un de ces baisers vulgaires

dont les nourrices beauceronnes ont le monopole exclusif, et qui, dans un jeune ménage sentent leur lune de miel à une lieue...—Elle allait recommencer... Mais bientôt sentant que ses lèvres s'étaient posées sur un favori (M. D... n'en porte pas), elle poussa un cri d'effroi, reconnut son erreur et se trouva mal. Pour le coup M. Z... fut réveillé en sursaut. Il se précipite vers la dame, lui place d'une main sous les narines un flacon qu'il aperçoit sur la banquette, ouvre de l'autre la portière pour faire pénétrer en abondance l'air extérieur, et appelle le conducteur de toute la force de ses poumons. — La diligence s'arrêta. — La voyageuse rouvrit languissamment les yeux et se retrouvant encore si près de M. Z... elle prononça en anglais quelques mots inarticulés, — personne ne parlait cette langue dans la voiture. — Il fut impossible dans le moment de savoir quelle était la cause de l'effroi et du tremblement nerveux de la dame, qui parvint à se jeter dehors et alla tomber sans connaissance sur un des accotements de la route.

Le conducteur et M. Z... étaient aussi embarrassés l'un que l'autre... Mais le mystère ne devait pas tarder à s'éclaircir. La diligence de Salins, qui suivait par derrière et avait quitté la station cinq minutes plus tard que celle de Besançon, arrivait à bride abattue et l'eut bientôt atteint. Un monsieur en descendit, pâle, défait, furieux et hors de lui... il réclamait sa femme !... Il la retrouve à terre, privée de sentiment et couchée sur un lit de macadam. Il la prend dans ses bras, lui adresse quelques paroles et la fait revenir à elle. — La malheureuse s'était tout simplement trompée de véhicule, et s'en allait droit à Lausanne, en compagnie de M. Z... qu'elle avait pris pour son mari.

Le respectable ministre n'a jamais su tout le bonheur qui lui était arrivé en dormant, et s'il n'eût pas porté de favoris, ma foi... ma foi... qui sait ce qui pouvait arriver à ce pauvre M. D... et pendant sa lune de miel encore !

V.

Physionomie générale.

Chacune des sources de Vichy a ses habitués, ses fanatiques, ses sceptiques, ses prôneurs exagérés, ses amis et ses ennemis.

Madame la comtesse de R..... (quarante ans) arrive à Vichy. — Elle a les nerfs dans un état affreux; — elle est mourante. — On lui apporte chaque matin dans son lit trois demi-verres d'eau de la *grande grille,* et madame la comtesse recouvre en quelques jours santé, jeunesse et fraîcheur..... N'est-ce pas un filet de la fontaine de Jouvence qui a été retrouvé dans les plaines du Bourbonnais ?

La cousine d'un margrave (vingt-cinq ans), madame de F..... O..... (c'est une histoire de l'année dernière), pâle et lymphatique beauté du Nord, blonde fille du Rhin allemand, souffre d'un mal inconnu qui a résisté à toutes les facultés européennes. — On l'a traitée par l'hydrothérapie, par l'homœopathie, par les cachemires, les bals et les diamants..... on n'a rien gagné à tous ces régimes. — Elle a l'estomac désorganisé, la poitrine malade, des pesanteurs de tête..... — Comme un lis blanc qui s'incline sur sa tige, elle arrive à Vichy, languissamment étendue sur les coussins soyeux d'une berline attelée de quatre chevaux ; — elle va boire à la grande grille, et son mal empire..... — L'eau chaude de l'*Hôpital* ne peut passer ;—l'eau froide des *Célestins* la glace; —le puits *Lardy* lui répugne par son goût d'encre... — Que faire ? — On écrit au médecin de Dresde, on écrit au médecin de Paris. Par un hasard miraculeux, car il est bien rare, ces messieurs sont d'accord; - il faut quitter Vichy bien vîte, et madame de F..... O..... est expédiée pour les eaux du Mont-Dore, où la santé lui revient en y rencontrant par hasard un de ses compatriotes, un jeune et brillant diplomate fort connu dans les chancelleries, le chevalier Albert de ...., qui avait quitté l'Allemagne six mois auparavant par ordre supérieur.

O Naïade de l'Allier, malicieuse Ondine de la Limagne, que de cures merveilleuses, que d'accidents terribles n'avez-vous pas déterminés sans vous en douter peut-être ! Les médecins de la localité eux-mêmes, ces Hippocrates qui n'auraient peut-être pas refusé les présents d'Artaxercès, et qui se dévouent avec un désintéressement si parfait, une aussi héroïque abnégation à votre pénible sacerdoce, connaissent-ils mieux que le commun des mortels vos secrets et vos mystères? Quarante ou cinquante mille francs par saison, la belle affaire après tout, quand il faut les acheter par trois mois d'esclavage, par deux à trois mille audiences, deux à trois mille signatures à donner, sans lesquelles les portes du sanctuaire balnéatoire ne s'ouvriraient pas !

Si les propriétés des eaux sont mystérieuses, ce qui n'est ici un mystère pour personne, c'est qu'il y a des réformes à faire. La propreté des garçons baigneurs et des filles de service, comme leur politesse, est quelquefois problématique. On chuchotte aussi qu'il se fait dans la distribution des eaux qui arrivent dans les baignoires un certain tripotage qui a déjà été signalé nombre de fois. On fait les mélanges d'une manière arbitraire et souvent inintelligente. — Croirait-on que dans ce siècle voué à l'industrie on a trouvé le moyen de sophistiquer même l'eau du bon Dieu ? Qu'on boive à Paris, à Londres, à Pétersbourg, à Rome ou à New-York, dans tout le monde enfin, trois fois plus de bouteilles d'eau de Vichy qu'il ne s'en expédie de la localité, cela peut se concevoir, et les distances expliquent tout ; mais qu'un Parisien fasse cinquante lieues, un Anglais cent soixante, un Russe cinq cents, un Américain deux mille, pour venir prendre des bains dans la composition desquels il n'entre peut-être pas un quart d'eau minérale, il y a là une fraude qui tombe sous l'application de je ne sais quel article du Code civil.

Les chemins de fer, en mettant Vichy à quelques heures de Paris, doivent y opérer comme partout une révolution. Baigneurs et buveurs d'eau vont y affluer de plus belle. Espérons, dans l'intérêt de l'humanité souffrante, que s'il y a des abus aussi graves, la nouvelle ferme les détruira, et que, tout en faisant ses affaires, elle fera aussi celles du public qui paye, et qui a le droit de demander de la santé pour son argent.

Il y a encore une foule d'autres petits bruits qui circulent ici, et glissent sur les éventails comme la pensée humaine sur le fil électrique, mais non sans laisser trace de leur passage. C'est d'ailleurs toujours la même histoire, — une histoire aussi vieille que le monde ; — ce n'est rien, — ce n'est pas même une femme qui se noie ; — c'est une femme qui trompe son mari, et voilà tout. — Cela vous étonne ? D'où venez-vous donc ? Y a-t-il là de quoi fouetter un chat ?

En fait de nouveauté, nous nous garderons bien de vous peindre ces éternelles physionomies de joueurs de whist qu'on trouve l'hiver en tous lieux et qui viennent ici l'été courir après un *schlem* introuvable et compter leurs *honneurs* ? Si c'est un jeu qu'un exercice qui vous rend toujours maussades, rechignés et grognons, il y a là, convenons-en, un déplorable abus de mots, et j'en appelle à l'Académie. Si tous les jeux de cartes avaient ce privilége, il faudrait les faire brûler par la main du bourreau ; — et pourtant ce serait dommage, — car, comme l'a dit un abbé très mondain, Alexandre, César, Louis XIV et le grand Frédéric, n'auront jamais l'immortalité des rois de cœur, de pique, de trèfle et de carreau. — Ces quatre souverains, placés au temple de Mémoire, devraient guérir leurs confrères de la vanité des conquêtes,

Peindrons-nous aussi ces types de vieux jeunes gens, de jeunes vieilles femmes, d'Arthurs en exercice, de lions édentés, qu'on trouve dans tous les établissements thermaux, où ils étalent leurs gants jaunes et leur nullité, leurs gilets merveilleux, leurs innombrables robes, et leurs cachemires d'une origine plus ou moins contestée ! Dirons-nous que des hauteurs de la rue Labruyère quelques pigeons voyageurs non inscrits au *Stud-book* de Liége ou de Bruxelles, sont venus s'abattre au milieu du Bourbonnais, pour tâcher de s'y remplumer aux dépens de quelque jeune boyard, ou de quelque banquier hollandais ? Tout cela formerait un sujet de conversation vieux, usé et banal : n'en parlons donc plus et allons aux sources; mais tout en nous y dirigeant achetons cette petite feuille qui circule et que tout le monde parcourt avec avidité. Est-ce un arrêt de cour d'assises ? — Non. — Un cahier de chansons ? — Non. — Un journal ? — Non, c'est la liste des étrangers.

Les distractions sont nombreuses à Vichy, où les deux tiers de la journée se passent dans la rue. On emploie son temps à marchander des petits couteaux de Thiers, ou des dentelles du Puy, à jouer aux *oublies*, à faire des clous ou marier des balles au tir au pistolet, à guetter l'arrivée d'une diligence, à pêcher à la ligne, et sur-tout à lire la nomenclature des nouveaux venus qui s'imprime tous les deux ou trois jours à Cusset. Rien n'est plus bête et plus insignifiant qu'une liste de noms propres, et cependant quand on y regarde de près, comme c'est amusant quelquefois ! Que de noms accolés ensemble qui ont besoin d'aller à Vichy pour se trouver sur la même feuille de papier ! Voyez par exemple : M. de Montalembert, du corps législatif, et M. Numa, des Variétés ; M. B... un haut fonctionnaire, et M. Sainville, du Palais-Royal, etc. etc., n'est-ce pas drôle ? Voilà pour les distractions ; mais la grande et solennelle occupation, c'est de boire !

VI.

Les Sources.

De toutes les sources de Vichy, c'est celle du *Puits Lucas* qui trouve le moins d'amateurs. — La saveur nauséabonde de son eau et une légère odeur d'hydrogène sulfuré qu'elle dégage, font fuir la pratique; comme il y a de quoi choisir dans la localité, on devient difficile et on va ailleurs.

Le *Puits Chomel* ne m'a pas semblé non plus jouir de beaucoup de vogue; peu de thermopotes s'y désaltèrent. *La grande Grille,* qui est tout près, lui fait une concurrence ruineuse. — C'est une des sources les plus fréquentées. — Elle a des propriétés si diverses que pour les énumérer il faudrait dérouler de pied en cap toute la nomenclature pathologique, et nous vous en ferons grâce. Il en résulte que ses habitués n'ont pas une physionomie bien distincte ni bien tranchée. Autour du bassin où elle se met en communication avec le public, on voit, depuis l'aube jusqu'à la nuit, une procession permanente de buveurs de toutes sortes et un spécimen général de bon nombre d'infirmités humaines. Après les diverses affections du foie et du cœur, qui marchent en première ligne, ses principaux recruteurs de malades sont les mille désagréments que la dernière période de la vie nous tient en réserve.

Cette source d'eau tiède a cela de remarquable, que beaucoup de pèlerins fervents viennent, avec une bonne foi digne d'un meilleur sort, chercher à *la Grande Grille* un remède à la plus impitoyable, la plus tenace et la plus incurable de toutes les maladies, la vieillesse. On peut donc, grâce à sa spécialité, considérer cette source comme la sainte Perine de Vichy ; c'est la petite Provence des têtes à perruques, et l'Hébé à qui monsieur le maire confère chaque année le droit de verser le nectar aux patients, doit avoir au moins soixante ans d'âge, un nombre très limité de dents et prendre du tabac.

Notre devoir d'historien consciencieux nous force d'ouvrir ici une parenthèse. Etre donneuse d'eau à Vichy, c'est un état et une carrière : on y amasse des rentes ; on y devient propriétaire, et cela n'a rien d'étonnant. Comme le goupillon qu'on vous présente à l'entrée des églises, comme le petit banc qu'on vous fourre sous les pieds au théâtre, comme les bouts de cigares qui se ramassent dans la rue, comme la portière qu'une main officieuse ouvre obligeamment chaque fois que votre voiture s'arrête, le verre d'eau qu'on vous offre aux fontaines de Vichy constitue une de ces industries modestes et peu connues qui n'ont rien à démêler avec la loi des patentes et qui, par de petits moyens, vous font souvent arriver à de grandes choses.

Il en a toujours été ainsi. — C'est aujourd'hui comme autrefois. — Il n'y a de sot et de petit métier que celui qui vous laisse mourir de faim. — Citons un exemple au hasard. — Une profession en apparence obscure mais des plus lucratives de l'ancien régime et que la révolution de 89 a tuée, c'était celle d'*a-boyeur*. Qu'était-ce qu'un aboyeur? une espèce de fonctionnaire public qui se trouvait en permanence à l'opéra ou à la *comédie française*, et dont l'emploi consistait à appeler, d'une voix vibrante, sonore et toutefois respectueuse, à mesure qu'un personnage de distinction descendant du théâtre paraissait sous le vestibule, le carrosse de M. le prince... les chevaux de M. le marquis... la voiture de M. le comte... la chaise de madame la baronne... le *vis-à-vis* de madame la présidente... etc. — Cette position sociale qui vous mettait en contact avec toute la vieille aristocratie, exigeait des études particulières et des qualités spéciales. Il fallait être doué d'une grande taille, avoir une mémoire infaillible, des épaules carrées pour se faire jour, des poings vigoureux pour écarter la canaille, et un coup-d'œil sûr. Il fallait savoir son d'*Hozier* par cœur et sur-tout posséder des poumons d'une solidité à toute épreuve. — Eh bien ! l'héritier du dernier aboyeur de l'opéra est aujourd'hui millionnaire et l'un de nos premiers financiers.

Ceci nous éloigne un peu de l'*Hôpital,* mais il faut y revenir. A la fontaine de Vichy, qui porte ce nom, sont dévolus ceux qui souffrent des organes digestifs; et comme les nombreuses maladies de l'estomac ne respectent souvent ni l'âge, ni le sexe, ni les conditions, on voit à cette source, la plus fréquentée peut-être, un assortiment complet de néophytes qui ont un compte à régler avec ce viscère lunatique et fantasque. Il y a là des gens de toutes sortes, de tous âges et de tous états.

Allez plus loin; sortez de Vichy, et acheminez-vous vers les bords assez peu fleuris de l'Allier; et si vous craignez de vous exposer aux rayons d'un soleil caniculaire, faites comme un brave amiral que nous avons eu l'honneur d'y rencontrer, armez-vous d'un parapluie et prenez une avenue qui conduit vers les ruines d'un ancien couvent de Célestins; vous trouverez là une autre fontaine très précieuse qui sort d'un rocher d'aragonite. C'est pourtant la plus controversée de toutes les sources de Vichy : les oracles du lieu n'ont jamais pu se mettre d'accord sur les propriétés et les effets thérapeutiques qu'on en peut attendre.

Si vous avez la goutte, dit l'un, allez boire aux *Célestins*, et vous guérirez. — Etes-vous goutteux, s'écrie l'autre, fuyez cette source dangereuse! le mal remonterait et vous donnerait la mort! On a écrit deux volumes à l'appui de chacune de ces opinions, et pendant tout ce temps perdu en vaines querelles, la divinité narquoise, dans un esprit de contradiction, et pour mettre Hippocrate et Galien d'accord, n'a jamais voulu tuer ni goutte ni goutteux.

Cette controverse médicale, qui a son côté plaisant, n'empêche pas que pendant toute la saison des eaux, on trouve, autour de la vulgaire cannelle de cuivre des Célestins et de deux cents verres étiquetés et numérotés, une foule de braves gens qui, par leur corpulence, leur âge et leur bonne mine, trompeuse il faut le croire, représentent dignement le bataillon sacré des buveurs émérites, des fins gourmands et des viveurs, punis par où ils ont péché; car, à coup sûr, ceux qu'on y rencontre n'ont pas toujours bu que de l'eau.

Parmi ceux qui viennent y chercher un remède ou un soulagement à des maux d'une nature toute particulière, vous distinguerez la glorieuse pléiade des décorés, et au milieu de cette innombrable cohorte de gens à rubans, ceux dont la boutonnière n'est pas ornée d'une décoration quelconque, exotique ou indigène, font exception, et on les remarque.

Vous verrez aux Célestins l'arrière-garde de la grande-armée ; c'est le quartier-général des débris du premier Empire fraternisant avec le second. Si la tente dressée près de cette fontaine sert à abriter les amis de la bombance, de la bonne-chère et des dîners fins, elle est aussi le champ d'asile des éclopés de la victoire et des plaisirs de la garnison, la table d'hôte de cette légion de *chauvins* vermoulus qui ont vaincu l'Europe et mangé du cheval, le rendez-vous habituel des loustics et des farceurs; car en France il y en a partout, même à l'hôpital !

Ici comme ailleurs que de contrastes ! Vous trouverez des mines de béat et de papelard à côté de moustaches truculentes, des figures doucereuses et des fronts rébarbatifs, des bouches gourmandes, des airs de prédestinés et des physionomies ascétiques. C'est un mélange de sacré et de profane, un salmis de généraux, d'amiraux et d'évêques, de fonctionnaires publics et de bureaucrates, d'officiers de tous uniformes et de toutes armes, de religieux et d'ecclésiastiques de tous grades ; le sabre y fraternise avec la soutane, le ciel avec l'enfer.

On y voit des abonnés dont la soif est poussée jusqu'au cynisme, et qui font une si prodigieuse consommation d'eau, que c'est à n'y pas croire. Tel buveur en absorbe jusqu'à trente verres par jour ! Depuis 1841 il se livre pendant un mois, chaque année, à cet exercice de canard, avec l'espoir sans cesse renouvelé de se débarrasser d'une goutte opiniâtre. J'estime que douze tonneaux d'eau minérale ont déjà passé dans l'estomac de cet intrépide thermopote, et on doit être effrayé si on réfléchit aux monstrueux sédiments de chaux, de silice, de magnésie, de soude et de potasse qui s'y sont déposés. Un pareil régime devra faire passer ce monsieur tôt ou tard à l'état de pétrification, et grâce à lui, les géologues de l'avenir pourront trouver enfin l'homme fossile qu'on cherche depuis si long-temps.

Le corps humain est, dit-on, un merveilleux alambic ; si même on peut, comme le fait un professeur, comparer notre estomac à un moulin garni de ses blutoirs, il faut convenir que souvent cet instrument s'abandonne à singulières aberrations ! Comprend-on, par exemple, que pour avoir *sablé* copieusement et plus souvent qu'à son tour ces vins généreux que la Providence nous a si libéralement départis ; que pour avoir savouré pendant les soixante plus belles années de sa vie ces truffes parfumées que le Périgord nous envoie, admirables tubercules que certainement la nature n'a pas créés pour les quadrupèdes qui les déterrent, l'alambic humain donne pour produit de la distillation la goutte, la gravelle et la pierre, ces trois fléaux de l'humanité ? Que penser d'un appareil qui, après s'être assimilé tant et de si bonnes choses, donne pour résidu, quoi ? quelques cailloux et d'atroces douleurs ?

Au puits du *clos Lardy*, c'est changement de scène et un tout autre monde ; — vous verrez manœuvrer sous sa toiture de chaume l'escadron volant des tailles sveltes et des jolis minois. Vous frôlerez de délicieuses toilettes et respirerez un parfum de boudoir. C'est le rendez-vous privilégié du beau sexe, depuis la grande coquette qui, après tout un hiver de bals, de veilles et de fêtes, a besoin de calme et de repos, jusqu'à la frêle jeune fille qui vient y boire de l'eau ferrugineuse ; depuis la marquise à épagneul, jusqu'à la ménagère de province, qui demande aux eaux de Vichy le rétablissement d'une santé délabrée par le travail.

Vous y verrez des petites pensionnaires échappées du couvent et des duègnes à l'air triste et revêche. Vous y verrez des dames de Montluçon qui brodent des mouchoirs; des notabilités de Clermont-Ferrand qui tricotent des chaussettes, et tout un horizon de falbalas, de robes à volants, de frais chapeaux, de pieds cambrés et de mains mignonnes bien gantées. Le *puits Lardy* est le pandæmonium de toutes les petites et grandes infirmités féminines. On y remarque des figures pâles, — des chevelures blondes, — des teints de cire, — des peaux transparentes, et des beautés de Keap-sake, qui causent avec la lune, n'ont que le souffle, et qui, si on les laissait faire, se nourriraient de pommes de terre, de salade et de charbon. La beauté dans son automne vient pour s'y ravitailler, la beauté naissante pour hâter l'épanouissement de sa blanche corolle.

Comme on a pu le voir, Vichy, simple bourgade du Bourbonnais, inhabité l'hiver et abandonné, quand leur moisson est faite, par tous les industriels nomades que la saison des bains y attire, renferme pendant quatre mois tout un monde de contrastes, devient un centre d'activité prodigieuse, où le mouvement est perpétuel, et un théâtre animé où, comme dans une comédie à tiroirs, les personnages changent et se remplacent à chaque scène. Si donc vous voulez voir dans un espace restreint et embrasser d'un coup-d'œil tout ce qu'il y a ici-bas d'élégances et de misères, de plaisirs et de souffrances, de joie et de tristesse, de jeunesse et de caducité, d'espérances et de regrets, la belle saison revenue, prenez le chemin de fer, et allez à Vichy.

AMÉDÉE COLLAS.

Ile Rochelet, juillet 1853.

FIN.

TABLE DES MATIÈRES.

–o🙾o–

FIN DE LA TABLE.